ANALISI DEL LIBRO

AF142036

Il ritratto di Dorian Gray

· · · · · · · · · · · · · · · · · ·

OSCAR WILDE

ANALISI DEL LIBRO

Scritto da Vincent Guillaume
Tradotto da Sara Rossi

Il ritratto di Dorian Gray

OSCAR WILDE

OSCAR WILDE

ROMANZIERE, POETA, DRAMMATURGO, SCRITTORE DI RACCONTI E SAGGISTA IRLANDESE

- **Nato a Dublino nel 1854**
- **Morto a Parigi nel 1900**
- **Opere degne di nota:**
  - *L'anima dell'uomo sotto il socialismo* (1891), saggio
  - *Salomè* (1893), opera teatrale
  - *L'importanza di essere Ernesto* (1895), opera teatrale

Oscar Wilde è stato uno scrittore di origine irlandese che ha trascorso la maggior parte della sua vita a Londra, ed è sicuramente il miglior rappresentante del "Fin-de-Siècle" nel mondo di lingua inglese. Sostenitore del movimento decadente e dell'estetismo, non voleva che nulla interferisse con l'arte e la bellezza.

I suoi modi di fare da dandy esuberante e il suo anticonformismo scandalizzavano, e a volte si scontravano con reazioni estremamente violente. Nel 1895, fu condannato a due anni di detenzione penale nella prigione di Reading, per atti di omosessualità. Scontata la pena, si esilia a Parigi, dove muore nel 1900, indigente. Le sue opere più famose sono *Il ritratto di Dorian Gray* (1890-1891) e il dramma *L'importanza di essere Ernesto* (1895).

IL RITRATTO DI DORIAN GRAY

L'ASPETTO DI UN DANDY IRLANDESE

- **Genere:** romanzo

- **Edizione di riferimento:** Wilde, O. (2001) *Il ritratto di Dorian Gray*. Londra: Wordsworth Classics.

- **1ª edizione**: 1890

- **Temi:** vecchiaia, bellezza, apparenza, immoralità, arte, letteratura, gioventù

Pubblicato inizialmente nel *Lippincott's Monthly Magazine* nel 1890, poi rielaborato e ampliato nel 1891, *Il ritratto di Dorian Gray* è l'unico romanzo di Oscar Wilde. Racconta la storia di un giovane di affascinante bellezza che esprime il desiderio di conservare per sempre il suo fascino e la sua giovinezza. Inspiegabilmente, il suo desiderio viene esaudito, ed è il ritratto di lui fatto da un amico che cambia al suo posto, portando i segni dell'età e dei piaceri decadenti in cui si getta con anima e corpo.

Il tema chiave de *Il ritratto di Dorian Gray* è l'emancipazione, sostenuta da Wilde, dell'arte dalla morale. Il romanzo suscitò uno scandalo alla sua pubblicazione, per il modo in cui l'autore descrive come il personaggio si getta nella dissolutezza, senza condannare esplicitamente la sua immoralità.

SINTESI

PREFAZIONE

Wilde spiega le sue convinzioni artistiche, legando l'arte al concetto di bellezza nel suo significato più ampio e rifiutando di attribuirle una dimensione morale o più utilitaristica.

CAPITOLO 1

Lord Henry Wotton, in visita al pittore Basil Hallward, ammira il ritratto di un giovane di straordinaria bellezza, Dorian Gray. Basil dice che si rifiuta di esporlo, perché ha messo troppa anima nel dipinto. Quando Dorian Gray arriva allo studio, Lord Henry chiede di essere presentato a lui, contro il volere di Basil, che lo implora di non corromperlo con la sua nefasta influenza.

CAPITOLO 2

Lord Henry parla a Dorian mentre il giovane siede per Basil. Lo esorta a godere della sua giovinezza e della sua bellezza prima che svaniscano. Dorian è turbato da queste parole. Una volta terminato il ritratto, ha un'epifania mentre guarda il quadro "come se si fosse riconosciuto per la prima volta" (Capitolo 2). Disperato dall'idea di perdere la sua bellezza mentre il ritratto rimarrà per sempre senza macchie, desidera che questo ordine di cose venga invertito.

CAPITOLO 3

Lord Henry si reca dallo zio per ottenere informazioni sulla famiglia di Dorian. Decide di diventare l'influenza di Dorian, così come Dorian stesso influenza Basil.

CAPITOLO 4

Dorian spiega a Lord Henry come ha incontrato l'amore della sua vita, l'attrice Sibyl Vane. Lord Henry è affascinato dall'entusiasmo di Dorian. Più tardi, riceve un telegramma da lui che dichiara che lui e Sibyl Vane sono fidanzati.

CAPITOLO 5

Questo capitolo presenta Sibyl, che è assolutamente felice del suo amore per Dorian, sua madre e suo fratello minore, James, che si preoccupa della sorella. La sua relazione con questo uomo sconosciuto (lei lo chiama "principe azzurro") non gli piace.

CAPITOLI 6-7

Dorian, Lord Henry e Basil vanno a teatro. Sul palcoscenico, Sibyl recita molto male; Dorian è profondamente scioccato. Dopo lo spettacolo, lei gli annuncia, con buone intenzioni, di aver lasciato il teatro, l'unico mondo che abbia mai conosciuto, per donarsi completamente a lui, che le ha aperto gli occhi su una realtà molto più bella. Eppure Dorian la amava per il suo talento; il suo amore lo lascia indifferente. Disgustato, le comunica il suo disprezzo e la lascia.

Tornato a casa, Dorian nota che il suo ritratto ha un sorriso leggermente crudele. Gli viene in mente il suo desiderio e si rende conto di trovarsi di fronte alla sua coscienza. La sua stessa espressione non è cambiata. Sopraffatto dalla pietà per il suo ritratto, giura di non peccare mai più.

CAPITOLO 8

Il giorno dopo scrive a Sibyl per scusarsi. Dopo averlo fatto, si sente già perdonato. Lord Henry arriva e gli dice che Sibyl si è uccisa per amore. Egli teme di non essere colpito dalla tragedia come vorrebbe. Lungi dal confortarlo, Lord Henry lo incoraggia a vedere la bellezza di questa morte. Dorian si sente meglio e scopre il suo vero io. Ha cambiato idea sul ritratto: d'ora in poi sarà il ritratto a portare il peso delle sue passioni.

CAPITOLO 9

Basil chiede di vedere il ritratto e accenna alla sua intenzione di esporlo. Dorian è terrorizzato. Poi confessa di avere un segreto e si offre di raccontarlo se Basil spiega perché all'inizio non voleva esporlo.

Basil confessa di adorarlo e di aver temuto che fosse visibile nel suo dipinto; ora, pensa che questa nozione sia stupida. Dorian, sollevato, confessa di aver effettivamente visto "qualcosa" nel ritratto, ma si rifiuta di mostrarlo.

CAPITOLO 10

Dorian inizia a diventare paranoico nei confronti di chi si avvicina troppo al ritratto velato; lo nasconde nel suo vecchio studio, all'ultimo piano della casa. Trascorre poi buona parte della serata leggendo uno strano e affascinante libro che Lord Henry gli ha inviato.

CAPITOLO 11

Per diversi anni, Dorian vive sotto l'influenza del libro. Conduce una doppia vita, dignitosa in apparenza ma segretamente dissoluta, e sperimenta piaceri esotici e decadenti. Tuttavia, è anche preda di una persistente paura che il suo segreto possa essere scoperto. Inoltre, si diffondono voci scandalistiche sul suo conto, ma fortunatamente la sua ricchezza e il suo fascino lo preservano.

CAPITOLI 12-14

Dorian ha 38 anni. Una sera incontra Basil e si sente in dovere di invitarlo a casa sua. Basil accenna alle terribili dicerie sul suo conto e conclude che, per conoscerlo veramente, dovrebbe vedere la sua anima. Dorian, agitato, accetta e lo porta a vedere il ritratto. Basil capisce cosa è successo. Dorian, dopo aver visto il ritratto, viene colto da un odio improvviso e incontrollabile per il pittore. Lo uccide brutalmente con un coltello. Il giorno dopo, Dorian si tiene occupato, cercando di dimenticare il suo crimine, e si fa prendere sempre più dal panico, finché non arriva il suo ex amico Alan Campbell, un chimico. Gli chiede di far sparire il corpo di Basil.

CAPITOLI 15-16

La sera successiva, Lord Henry chiede a Dorian cosa abbia fatto la notte precedente e Dorian si innervosisce. Torna a casa, brucia le cose di Basil e decide di andare in una fumeria d'oppio.

Mentre se ne va, una donna lo chiama "principe azzurro", mettendo in allarme James Vane, che stava dormendo in un angolo. James attacca Dorian per strada, annunciando di essere il fratello di Sibyl e che lo ucciderà. Dorian gli chiede di guardarlo alla luce di un lampione; vedendo che sembra avere appena 20 anni, James pensa di essersi sbagliato e lo lascia andare.

CAPITOLI 17-18

Dorian si sente come inseguito. Sebbene sia consapevole del fatto che la sua paura della punizione è irrazionale, è inorridito all'idea di non poter sfuggire al tumulto della sua coscienza. Durante una battuta di caccia, uno dei battitori viene accidentalmente ucciso e Dorian lo vede come un cattivo presagio della sua prossima fine. Più tardi, viene a sapere che il battitore non è stato identificato e che aveva con sé una pistola. Dorian Gray va subito a vedere il corpo e riconosce James Vane. È così sollevato che piange.

CAPITOLO 19-20

Dorian spiega a Lord Henry che è determinato a cambiare, perché ha fatto troppe cose orribili nella sua vita. Ma, secondo

Lord Henry, Dorian non riuscirà a cambiare. Poco prima di tornare a casa, Dorian, a fatica, vuole confessare qualcosa a Lord Henry (probabilmente sulla morte di Basil), ma alla fine rinuncia.

Una volta a casa, Dorian pensa con nostalgia alla sua innocenza di un tempo. Preferirebbe riscattare ognuno dei suoi peccati, piuttosto che distruggere il suo ritratto. Decide di diventare buono. Per curiosità, sale le scale per vedere se una buona azione compiuta di recente ha cambiato qualcosa. Tuttavia, il dipinto è ancora orribile; nota persino una nuova espressione ipocrita.

Non potendo più sopportare le accuse che gli pesano addosso, Dorian cerca di distruggere il ritratto con un coltello per essere finalmente in pace. I suoi servi vengono svegliati da un urlo orribile; presto trovano il quadro, intatto e di nuovo raffigurante Dorian in tutta la sua gloria, e ai suoi piedi il loro padrone, morto, pugnalato al cuore, rugoso e orrendo.

STUDIO DEL CARATTERE

DORIAN GRAY

È figlio di Lady Margaret Devereux – un'aristocratica incredibilmente bella – e di un soldato sconosciuto di grado inferiore. Rimasto orfano in giovane età, ha continuato a vivere nella casa di famiglia, una casa riccamente decorata, circondato da valletti e da una governante.

Dorian, dotato di un fascino particolare, suscita la fasciatura dei suoi amici Basil e Lord Henry. Nel corso della storia si evolve in modo radicale, soprattutto grazie all'influenza di Lord Henry:

- All'inizio del romanzo, Dorian viene presentato come un giovane candido, quasi infantile, spontaneo anche se timido, e pieno di vita gioiosa.

- Ben presto, adotta il modo di essere di un dandy disincantato, cinico, egocentrico e amorale, che vive solo per l'arte ed è privo di una vera simpatia per le persone (ad esempio, preferisce la recitazione di Sibyl a Sibyl stessa). La sua compassione potrebbe essere profonda, ma è solo effimera, perché l'unica cosa che gli interessa è godere di tutto ciò che c'è di buono in una persona (ad esempio, le dimensioni tragiche di quella persona), fino a quando non gli interessa più.

Nutrendo la sua sensibilità artistica con piaceri raffinati e proibiti (tra cui droghe, lussuria, talvolta rapporti omosessuali, come suggerisce Wilde), l'anima di Dorian viene avvilita. Grazie al desiderio espresso (capitolo 2), mantiene tutta l'apparenza del suo fascino, ma il suo ritratto si degrada al suo posto.

Tuttavia, Dorian rimane lucido dall'inizio alla fine: si rende subito conto che il cinismo di Lord Henry è terrificante e velenoso, ma lo trova troppo affascinante per resistere; capisce quasi subito che il suo ritratto riflette la sua coscienza, ma sceglie di approfittarne; per due volte giura di tornare buono (capitoli 7 e 19), ma si rende subito conto che non ci riuscirà mai, perché significherebbe andare contro la sua natura.

Pur apprezzando la sua doppia vita, in cui il suo fascino imperituro lo protegge dalle voci sempre peggiori che si diffondono sul suo conto, il suo segreto pesa molto sulla sua mente: diventa sempre più paranoico (soprattutto dopo aver ucciso Basil) ed è tormentato da un enorme senso di colpa. Rimpiange amaramente l'innocenza perduta. Tuttavia, la fine del testo rielaborato da Wilde nel 1891 rende più evidente che Dorian non prova realmente rimorso; non sopporta più le accuse della sua coscienza e cerca semplicemente la pace.

LORD HENRY "HARRY" WOTTON

Tipico dandy (capitolo 3), Lord Henry è un modello di immoralità. Raffinato, cinico, che fa dei piaceri scandalosi e volubili uno stile di vita, esprime spesso la sua visione del mondo attraverso aforismi e discorsi improvvisati (probabilmente più per il gusto di farlo che per reale convinzione, visto che dice di dimenticare sistematicamente le proprie parole).

Affascina Dorian con il suo modo di parlare e le sue idee inebrianti e, consapevole della sua influenza, introduce il giovane al suo modo di vivere.

Lord Henry mantiene un livello di onestà, in quanto non nasconde i suoi vizi o le sue vere motivazioni, il che lo porta ad essere orgoglioso di se stesso e a farsi la reputazione di essere terribilmente squisito.

Per lui le arti e i piaceri sono tutto. La bellezza è essenziale, al punto che afferma di ritenere inutile giudicare una persona sulla base di qualsiasi altra cosa che non sia il suo aspetto. Disincantato e materialista, di interessi volubili, si gode il momento presente e i suoi amici senza farsi coinvolgere veramente e senza curarsi del passato. È certamente perché Dorian Gray è per lui una fonte inesauribile di fascino – lo considera un "capolavoro" della vita (capitolo 4) – che i due rimangono vicini fino alla fine.

BASIL HALLWARD

Pittore di talento, ma incapace di raggiungere l'apice della sua arte senza la presenza di Dorian, è, come dice lui stesso, affascinato dalla bellezza e dalla personalità di Dorian. Dorian è diventato per Basil, dal momento del loro incontro, tutta la sua arte: sembra incarnare un ideale artistico sconosciuto ma universale. È in un momento di grande ispirazione che Basil dipinge il quadro di Dorian Gray.

Basil è un'anima conservatrice, con valori borghesi tradizionali di bontà e carità. L'influenza amorale di Lord Henry (il suo amico di Oxford) su Dorian, che egli prevede fin dall'inizio, è per lui una catastrofe: pervertendo la sua "natura semplice e bella" (capitolo 1), questa influenza rischia di minare ciò che rende Dorian così unico ai suoi occhi. L'interesse che nutre per Dorian ha una permeante dimensione egoistica, per la quale Dorian lo rimprovera fin dall'inizio, accusandolo di basare la loro amicizia solo sulla sua giovinezza e sul suo bell'aspetto: non appena fosse invecchiato sarebbe stata la fine.

Inizialmente rifiuta di esporre il suo ritratto di Dorian, per paura che la sua adorazione per lui sia visibile e che la gente possa scoprire l'intimità della sua anima, ma alla fine considera questa idea come stupida. Dopo che Dorian si allontana da lui, inizia a credere che l'arte nasconda l'artista più di quanto non lo mostri – il che è un ritorno a uno degli argomenti citati nella prefazione.

SIBYL VANE

Giovane e povera, è un'attrice shakespeariana in un teatro sordido (la prima volta che Dorian la vede recita Giulietta). La sua bellezza commuove Dorian, che continua a chiamarla "principe azzurro". Tuttavia, agli occhi di Dorian, lei è la somma di tutti i personaggi shakespeariani che interpreta sul palco, e mai Sibyl Vane.

Più che innocente, Sibyl è inconsapevole dell'effetto che produce sugli uomini. Non ha alcuna esperienza di vita e ha ereditato dalla madre (che sembra vivere costantemente in uno spettacolo teatrale) una visione del mondo piena di cliché. Sibyl manca fortemente di personalità; è ancora una bambina ingenua che vive nelle storie meravigliose in cui recita.

Dopo aver conosciuto Dorian, sogna di abbandonare la superficialità del palcoscenico per vivere la vera passione, ma ancora una volta diventa chiaro che la sua idea è una trasposizione delle sue storie nella realtà.

JAMES VANE

Fratello di Sibyl, lavora come marinaio ed è un giovane rozzo e silenzioso. Sebbene non sembri molto intelligente, è l'unico della famiglia a essere realista. Poiché odia gli aristocratici, giura di uccidere Dorian se mai avesse fatto del male a sua sorella. Il padre di James, un aristocratico, non ha mai sposato sua madre; pertanto, questo odio deriva dall'istinto della sua classe proletaria.

ANALISI

BELLEZZA AMORALE

In questo caso, *Il ritratto di Dorian Gray* viene messo in parallelo con due movimenti ai quali Wilde si ricollega per la sua netta separazione tra arte e morale, al punto che il declino e la morte di Dorian possono essere interpretati come il risultato di una "eresia" (Mighall, 2003): l'eresia di aver dato un significato morale al suo ritratto, rovinando così un bellissimo oggetto d'arte associandolo alla sua coscienza.

MOVIMENTO DECADENTE

La fine del XIX secolo era sentita come la fine di un'epoca. Pertanto, una reazione alla moda fu quella di rifiutare ciò che sarebbe stato lasciato alle spalle: la morale e i valori estetici tradizionali furono rifiutati – nello stesso modo in cui Lord Henry espone le sue idee nel corso del romanzo – mentre i piaceri proibiti ed esotici furono abbracciati.

Questo comportamento è tipico di un movimento artistico, il Decadentismo, che è un'espressione tinta di umorismo e di provocazione, un'evocazione libertina e sulfurea di una disperazione dovuta alle incertezze del futuro. Il dandy, incarnato sia dall'autore (Wilde) sia dai personaggi (Lord Henry, Dorian Gray), personifica questo stato d'animo:

• È un esteta di un nuovo genere.

• È cinico nei confronti della morale e delle idee insegnate.

- Il suo stile di vita è scandaloso, ma il fascino velenoso del dandy gli permette di brillare nell'alta società (o almeno in alcuni circoli sociali).

- È annoiato, stanco per la sua dissolutezza di piaceri volubili sempre più sofisticati e per la sua sensazione di incapacità di trovarne di nuovi.

Il ritratto di Dorian Gray è intriso di questo decadentismo, che si manifesta in modo evidente:

- I discorsi amorali di Lord Henry, che propugna "un nuovo edonismo" (capitolo 2; Dorian riprende questa idea nel capitolo 11, quando associa il tradizionale rifiuto del piacere sensuale a uno spreco, retaggio di una morale ipocrita).

- La doppia vita di Dorian.

- E, soprattutto, le bellezze velenose a cui Dorian si dedica. Da un lato, ciò include i piaceri eccentrici: nel capitolo 11, l'elenco dei suoi gusti in fatto di profumi, musica, gioielli, ecc. ricorda quelli dell'antieroe des Esseintes nel romanzo *A rebours* (1884) dello scrittore francese Joris-Karl Huysmans (1848-1908). Questo romanzo, una sorta di manifesto del movimento decadente, è probabilmente il romanzo che Lord Henry regala a Dorian nel capitolo 10, secondo un'idea molto diffusa che di solito trova conferma nella letteratura secondaria su *Il ritratto di Dorian Gray* e che è supportata dalla stima di Wilde per quell'opera. D'altra parte, questo include i piaceri proibiti: ad esempio, Basil menziona, nel capitolo 12, la tragica fine delle amicizie di Dorian con i giovani uomini.

ESTETISMO

La parola d'ordine dell'estetismo, un altro movimento artistico (molto vicino al Decadentismo) a cui Wilde può essere collegato, è senza dubbio "arte per l'arte". L'opera d'arte deve essere completamente autonoma perché la bellezza è superiore a tutto, anche alla morale e all'utilità didattica che le convenzioni dell'epoca tendevano ad aspettarsi da un'opera.

Non c'è nulla di morale o didattico nell'estetismo. L'arte, in quanto raffinatezza, viene addirittura posta al di sopra della natura bruta (nel movimento Decadente, ciò è visibile attraverso l'attrazione per l'artificio, che si ritrova anche ne *Il ritratto di Dorian Gray*).

La ricerca della bellezza per amore della bellezza si riflette nel comportamento di Dorian, che non si ferma davanti a nulla per cercare nuove sensazioni, al punto di giudicare le persone (ad esempio, Sibyl) solo dal punto di vista artistico. Eppure, sorprendentemente, anche "l'arte per l'arte" sembra far parte della filosofia di Basil. Nel capitolo 1, egli si lamenta del fatto che la gente vede l'arte come una forma di autobiografia e ha perso "il senso astratto della bellezza". Naturalmente, è la prefazione del romanzo ad essere più categorica sull'autonomia dell'arte.

UN ROMANZO GOTICO

Il ritratto di Dorian Gray è un esempio tardivo di opera legata al genere gotico. Esistente dalla metà del XVIII secolo, questo genere, i cui principali romanzi rappresentativi sono

Frankenstein (1818) di Mary Shelley (scrittrice britannica, 1797-1851), *Dottor Jekyll e Mister Hyde* (1886) di Robert Louis Stevenson (scrittore scozzese, 1850-1894) e le opere di Edgar Allan Poe (scrittore americano, 1809-1849), è definito da:

- Un'atmosfera di orrore: l'omicidio perpetrato da Dorian, la morte di James Vane.

- Un ambiente sinistro e spaventoso, a cui si adattano perfettamente i quartieri malfamati della Londra del XIX secolo: cfr. alcuni estratti, in particolare nel capitolo 16, che raccontano le visite di Dorian alla fumeria d'oppio (ad esempio, "La maggior parte delle finestre era buia, ma di tanto in tanto ombre fantastiche si stagliavano contro qualche lampione. Le osservò con curiosità. Si muovevano come mostruose marionette e facevano gesti come esseri viventi").

- Eventi soprannaturali: l'invecchiamento del ritratto al posto di Dorian.

- Un fascino per le irrazionalità della mente umana: il tema della doppia personalità (come nel *Dottor Jekyll e Mister Hyde*), associato anche a Dorian e al suo ritratto, o i terrori notturni di Dorian, soprattutto dopo il suo crimine.

CREDENZE SCIENTIFICHE

In *Il ritratto di Dorian Gray* si possono trovare allusioni alle concezioni scientifiche dell'epoca. Lungi dall'aver venduto l'anima al diavolo, Dorian tenta brevemente di svelare il mistero della trasformazione del suo ritratto ipotizzando un'influenza del suo pensiero (o addirittura un'"affinità tra gli atomi chimici [...] e l'anima che era in lui", capitolo 8) su una materia non vivente, ma inerte, prima di perdere interesse per la questione.

La fisiognomica era una pseudoscienza di moda nel XIX secolo, secondo la quale lo studio dell'aspetto fisico (soprattutto del viso) di una persona avrebbe permesso di determinarne la personalità. Questa idea è centrale nella storia: il ritratto è degradante e adotta tutte le espressioni maligne al posto di Dorian, che conserva tutto il suo fascino, a causa della vita sempre più dissoluta e della sua ipocrisia. Tuttavia, in un certo senso, Wilde trasforma la fisiognomica in derisione, poiché in questo caso è al ritratto, e non alla persona, che vengono applicati i suoi principi.

Anche la questione dell'ereditarietà, anch'essa di attualità all'epoca, viene discussa nel romanzo: Dorian ha ereditato la bellezza della madre, mentre James lo odia perché è un aristocratico come suo padre. Pur non sapendo perché quest'ultimo non abbia mai sposato sua madre, James rifiuta visceralmente la classe sociale di Dorian.

IL ROMANZO RIFLESSO NELL'IMMAGINE

Il quadro che rappresenta Dorian Gray può essere visto come una mise en abyme del romanzo stesso. Infatti, il rapporto tra Dorian e il ritratto presenta interessanti analogie, così come quello tra Wilde e il suo romanzo:

• Per Dorian, il ritratto è una sorta di coscienza esteriore. La dissolutezza che rimane invisibile sul suo volto dall'aspetto sempre innocente è inscritta nel quadro; quindi, la nasconde. In questo modo, la sua vita sociale rimane un successo globale, ma alla fine il quadro causa comunque la sua fine quando cerca di distruggerlo.

- Per Wilde che, essendo omosessuale, conduceva anche una doppia vita, *Il ritratto di Dorian Gray* contiene allusioni a ciò che anche lui doveva nascondere alla società. Anche se Wilde le attenuò nel 1891, queste allusioni furono usate contro di lui nel processo per omosessualità del 1895; quindi, in un certo senso, il suo romanzo causò anche la sua caduta (con l'unica differenza che Wilde non avrebbe mai voluto liberarsene).

ULTERIORI RIFLESSIONI

ALCUNE DOMANDE SU CUI RIFLETTERE...

- Come può essere interpretata questa storia? Secondo lei, qual è il significato della morte di Dorian? Che ruolo ha il ritratto?

- Descrivete la filosofia di Lord Henry. In che misura corrisponde a quella di Wilde?

- Fornite esempi di brani in cui la paranoia di Dorian sembra descritta in modo gotico.

- La ricerca della bellezza in tutte le sue forme può rendere l'esteta insensibile a tutto il resto. In che modo Lord Henry e Dorian sono insensibili? Hanno dei limiti?

- Come si spiega il fatto che molte persone (tra cui Basil) si rifiutino di credere alle voci su Dorian quando sono in sua presenza e sotto l'influenza del suo fascino?

- Fornite esempi di brani in cui l'arte è associata all'artificio e/o alla vita reale.

- Nella prefazione Wilde scrive: "Non esiste un libro morale o immorale. I libri sono scritti bene o scritti male. Questo è tutto". Il romanzo conferma questa idea dell'autore? Giustificate la vostra risposta.

- Confrontate *Il ritratto di Dorian Gray* con il mito di Faust. Dorian ha fatto un patto con il diavolo? Spiegate la vostra risposta.

- Cosa dice il romanzo sui pregiudizi sociali della vita di Oscar Wilde?

ULTERIORI LETTURE

EDIZIONE DI RIFERIMENTO

Wilde, O. (2001) *Il ritratto di Dorian Gray*. Londra: Wordsworth Classics.

STUDI DI RIFERIMENTO

Mighall, R. (2003) *Introduzione a Il ritratto di Dorian Gray*. Londra: Penguin Classics. p. xxv.

Vogliamo sapere da voi!
Lasciate un commento sulla vostra biblioteca online
e condividete i vostri libri preferiti sui social media!

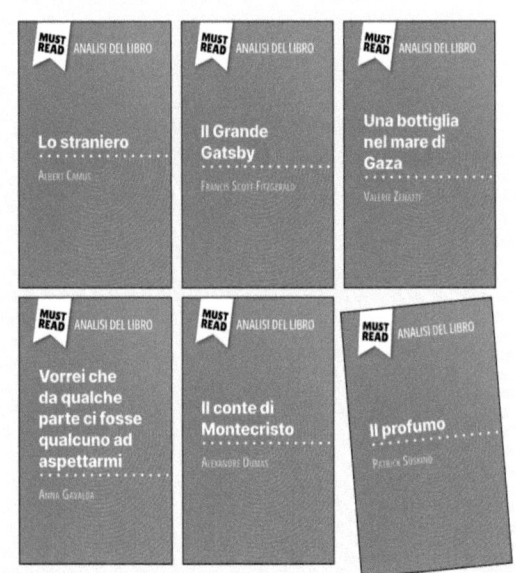

www.50minutes.com

Master ISBN: 9782808690058
ISBN cartaceo: 9782808611459
Deposito legale: D/2023/12603/1425

Copertura: © Primento

Concezione digitale a cura di Primento, il partner digitale degli editori.